Dieses Lesehelden-Buch gehört

Text von Tina Barett
Illustrationen von Bill Bolton

Lektor der Serie: Deborah Smith
Pädagogische Beratung: Monica Hughes
und Anny Northcote, Bath Spa University

Copyright © Parragon Books Ltd
Alle Rechte vorbehalten. Die vollständige oder auszugsweise Speicherung, Vervielfältigung oder Übertragung dieses Werkes, ob elektronisch, mechanisch, durch Fotokopie oder Aufzeichnung, ist ohne vorherige Genehmigung des Rechteinhabers urheberrechtlich untersagt.

Copyright © für die deutsche Ausgabe

Parragon Books Ltd
Queen Street House
4 Queen Street
Bath BA1 1HE, UK
Bitte bewahren Sie die Informationen in diesem Buch auch zur späteren Ansicht auf.
Übersetzung und Satz: lesezeichen, Köln
Redaktion: trans texas publishing, Köln

ISBN 978-1-4075-2542-6
Printed in China

Die fröhliche Tierschule

Das Kind beim Lesen unterstützen

Lesehelden heißt diese von Pädagogen entwickelte Kinderbuchreihe. Es gibt vier Lesestufen; **Stufe 1** ist für erstes Selberlesen.

Jedes Buch der **Stufe 1** umfasst vier Geschichten, die durch die Figuren, das Umfeld und das Thema miteinander verbunden sind. Am Ende des Buchs werden Fragen zu den Geschichten gestellt und Schlüsselwörter wiederholt.

Wählen Sie zum Lesen mit Ihrem Kind eine ruhige Atmosphäre und einen gemütlichen Ort. Eine Leseübungseinheit sollte nicht länger als 15 Minuten dauern, sonst ermüdet das Kind oder verliert die Lust. Und vor allem: Sparen Sie nicht mit Lob!

★ Schauen Sie zunächst die Bilder an und sprechen Sie darüber.

★ Lesen Sie dem Kind die Geschichte vor. Zeigen Sie auf besonders wichtige Wörter.

★ Nach mehrmaligem Lesen kann das Kind einzelne Wörter oder Abschnitte übernehmen.

★ Lesen Sie das Buch mehrere Tage hintereinander und entdecken Sie immer neue Wörter.

Inhalt

Gregors erster Schultag 9

Verstecken 17

Der Wettkampf 25

Anton hat Langeweile 33

Was hast Du gelernt? 41

Auf in die Tierschule!

Gregors erster Schultag

Heute ist Gregors erster Schultag.

„Ich bin noch zu klein, um zur Schule zu gehen", sagt er.

„Hallo, Gregor", sagt Frau Schnabel.

„Ich bin noch zu klein, um zur Schule zu gehen", sagt Gregor.

Gregor geht in die Schule hinein.

Er stößt sich den Kopf an der Tür.

Rumms!

„Du bist nicht zu klein", sagt Frau Schnabel. „Du bist zu groß!"

Die Tiere kommen zusammen.

„Heute machen wir draußen Unterricht", sagt Frau Schnabel.

„Das ist Gregor", sagt sie.

„Hallo, Gregor!", sagen die Kinder.

„Hallo", sagt Gregor.

„Gut, dass du da bist, Gregor",

sagen die Tiere.

„Draußen lernen macht Spaß."

Verstecken

Es ist Pause.

Die Tiere spielen Verstecken.

Luzy zählt bis zehn.

Die Tiere verstecken sich.

„Ich komme!", sagt Luzy.

Luzy sucht überall.

Sie kann Frieda nicht finden.

„Frieda, wo bist du?"

Luzy sucht überall.

Sie kann Anton nicht finden.

„Anton, wo bist du?"

Luzy sucht überall.

Sie kann Gregor nicht finden.

„Gregor, wo bist du?"

Luzy sucht noch weiter.

Aber die Pause ist vorbei.

Die Tiere gehen zurück zur Schule.

„Wo ist Luzy?", fragt Frau Schnabel.

„Wir können sie nicht finden", sagen die Tiere. Luzy ist eingeschlafen.

Der Wettkampf

In der Schule ist Wettkampf-Tag.

Die erste Aufgabe ist Wettrennen.

Alle Tiere stellen sich auf.

„Fertig … los!", sagt Frau Schnabel.

Gregor hat lange Beine.

Er gewinnt das Wettrennen.

Dann kommt das Säckchen-Rennen.

Luzy hält ihren Kopf ganz still.

Sie gewinnt das Säckchen-Rennen.

Dann kommt das Wetthüpfen.

Anton kann prima hüpfen.

Er gewinnt das Wetthüpfen.

Nur Frieda hat nichts gewonnen!

Da fällt Anton in den Teich.

„Hilfe! Ich kann nicht schwimmen."

Frieda kann schwimmen.

Sie springt in den Teich.

„Ich kann schwimmen", sagt Frieda.

„Gut gemacht, Frieda!", sagt Frau Schnabel.

Sie überreicht Frieda den Pokal.

Anton hat Langeweile

Es ist Freiarbeit in der Schule.

Alle Tiere sind beschäftigt.

Auch Frau Schnabel ist beschäftigt.

Luzy liest ein Buch.

Anton schlägt Luzys Buch zu.

„Lass das, Anton!", sagt Luzy.

Frieda malt ein Bild.

Anton stößt die Farbe um.

„Lass das, Anton!", sagt Frieda.

Gregor baut einen Turm.

Anton kippt ihn um.

„Lass das, Anton!", sagt Gregor.

Anton turnt auf einem Stuhl.

Der Stuhl kippt um.

Anton fällt hin.

Frau Schnabel schaut auf.

„Hast du nichts zu tun, Anton?",

fragt sie.

„Nein", sagt Anton.

„Dann hast du jetzt etwas zu tun",

sagt Frau Schnabel.

Anton muss alles aufräumen.

Was hast Du gelernt?

Kannst Du diese Wörter lesen?

Frau Schnabel

Schule

Tür

Tiere

Luzy

Frieda

Gregor   Anton

Säckchen   Buch

Bild   Stuhl

Kannst Du die Fragen beantworten?

Wer stößt sich den Kopf?

Welches Spiel spielen die Tiere?

Wer gewinnt den Pokal?

Wer fällt hin?

Weitere Bücher in dieser Reihe

★ Stufe 1 – Erstes Selberlesen
Die lustige Baustelle
Die kleinen Wetterfeen
Spaß auf dem Weidenhof
Katis Zoohandlung
Die fröhliche Tierschule

★ Stufe 2 – Leseanfänger
Abenteuer im Urlaub
Retter in der Not
Die Zauberhüte
Ballettschule Sternenlicht
Die Kinder von der Nussbaumschule

★ Stufe 3 – Geübte Leser
Mondkolonie Eins
Die Pyjamaparty
Die Spürnasen
Fleißige Helfer
Alle an Bord!

★ Stufe 4 – Lesehelden
Meine Mama ist eine Geheimagentin
Club der Törtchen
Einmal um die Welt
Leons Abenteuerreise
Wir gewinnen die Meisterschaft